AF562291

INSTITUT ÉGYPTIEN

UNE INONDATION DE L'ÉGYPTE

SOUS LA XXIIme DYNASTIE

PAR

M. G. DARESSY

Communication faite à l'Institut égyptien dans la séance du 6 Décembre 1895.

LE CAIRE
IMPRIMERIE NATIONALE
1896

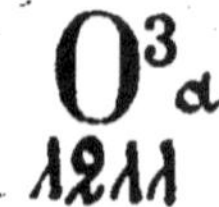

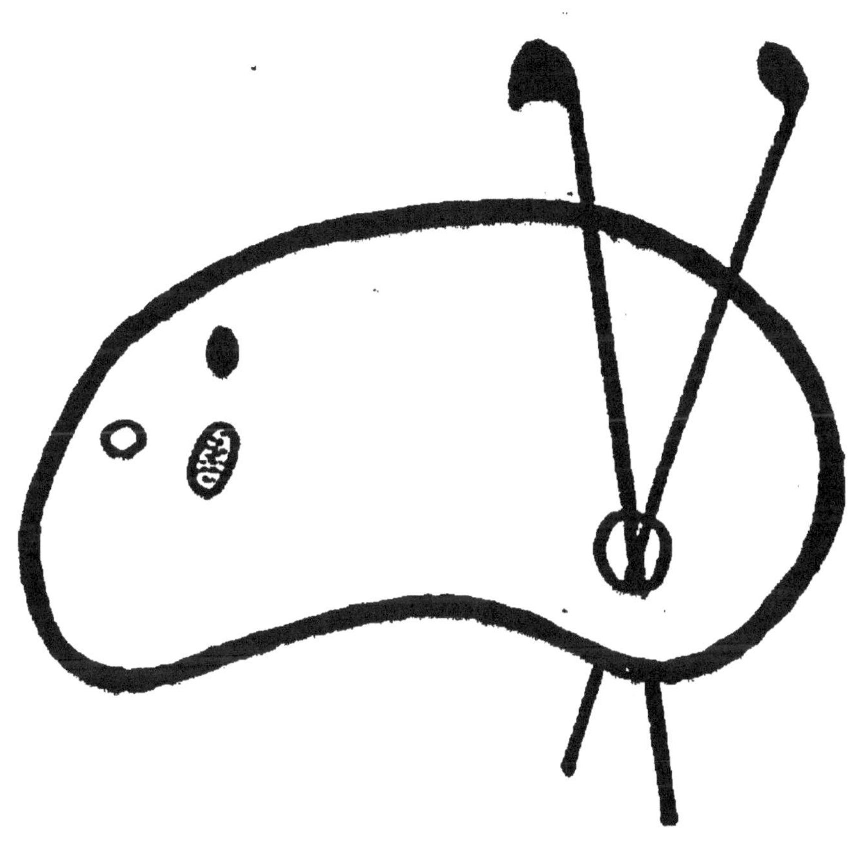

FIN D'UNE SERIE DE DOCUMENTS
EN COULEUR

INSTITUT ÉGYPTIEN

UNE INONDATION DE L'ÉGYPTE

SOUS LA XXIIme DYNASTIE

PAR

M. G. DARESSY

Communication faite à l'Institut égyptien dans la séance du 6 Décembre 1895.

LE CAIRE
IMPRIMERIE NATIONALE
1896

UNE INONDATION DE L'ÉGYPTE

SOUS LA XXIIme DYNASTIE

Les documents relatifs au régime des eaux dans l'ancienne Egypte sont excessivement rares ; on ne trouverait peut-être pas dans les textes hiéroglyphiques six mentions de crues extraordinaires, en déficit ou en surplus. Les cotes du Nil gravées sur les rochers de Semneh, sous la XIIme dynastie, sont à peu près tout ce qui nous reste de renseignements précis sur la hauteur qu'atteignait le Nil avant l'ère chrétienne.

Le déblaiement du temple de Louxor a mis à jour une inscription des plus curieuses relative à une inondation de l'Egypte; elle est gravée légèrement, en caractères hiératiques, à l'angle de la salle hypostyle et de la grande cour d'Amenhotep III, à la partie inférieure des murs.

Par suite de l'usure de la pierre, elle n'est plus lisible qu'en partie : sur cinquante et une lignes dont elle se composait, il n'y a plus que les trente six premières qui puissent se déchiffrer à peu près entièrement, la fin n'offre plus que des mots épars.

Les huit premières lignes décrivent l'aspect de Thèbes pendant cette crue extraordinaire qui empêcha la célébration, selon le rite habituel d'une des grandes fêtes d'Ammon ; la suite est un hymne adressé par le roi à Ammon, dieu protecteur de la ville, pour qu'il fasse cesser le fléau.

Voici la traduction de ce texte poétique qui présente plus de difficultés à la lecture qu'à l'interprétation.

« L'an III, le 12 toby, sous la majesté du roi du midi et du nord, « maître des deux terres, Usur-mà-rà sotep-n-amen, vie ! santé !

« force ! fils du soleil, maître des diadèmes, Osorkon fils d'Isis, aimé « d'Ammon, donnant la vie à toujours.

« L'eau était montée, couvrant cette terre jusqu'à ses extrémités, « elle avait envahi les deux rives comme la première fois (1), l'éten- « due de cette terre en son pouvoir était semblable à la mer, aucune « digue des hommes ne résistait à son attaque, les gens étaient « comme des pélicans. En sa ville elle répandait la terreur, mon- « tant dans les monuments beaux comme le ciel : tous les temples « de Thèbes étaient comme des marais.

« En ce jour où l'on fait apparaître Ammon dans les chapelles, « en portant son image, il entra, étant dans la chambre de sa « barque, dans ce temple dont les habitants étaient comme des « nageurs dans un torrent ; leur prière au ciel vers Râ, pour le « passage de ce dieu grand était : « Dans la belle île (2) qu'il « repose dans la chapelle, à la place sacrée ! » Mais on ne put « établir de chapelle comme le ciel (3) pour adorer le dieu grand. « En ses grands esprits, son fils qui l'aime (4) prononça alors ce « discours, composé par le prophète d'Ammon-râ roi des dieux, « scribe royal dans la demeure...... *Nekhtu-taï-f-maut*, fils « du prophète d'Ammon *Bak-n-khonsou* ».

« O dieu auguste, s'enfantant lui-même
souverain de son nôme, exalté dans son territoire,
celui qui est stable dans son disque
qui est comme enveloppant son corps pour cacher son mys- [tère.
« Le grand qui existait avant la terre et à son commencement [a créé toutes choses,
qui met en joie ses temples,
qui brille éternellement, qui est en paix pour toujours
et qui conduit les siècles :
« Renouvelant les naissances lorsqu'il éclaire la nuit
en sa forme parfaite de Lune,
venant en Nil pour inonder les deux terres,
et faire subsister chacun en sa vigueur.

(1) La première fois signifie au commencement du monde.
(2) Probablement un nom du sanctuaire de Louxor.
(3) C'est-à-dire « belle comme le ciel. »
(4) Le roi.

« Il est le vent qui parcourt l'atmosphère,
  Il a dilaté tous les gosiers;
le feu est issu de ses rayons
  pour achever tout ce qu'il a fait (1).
« Ordonnateur, organisateur, agissant de sa main,
  les dieux et les déesses existent par lui,
il a créé les hommes, les quadrupèdes et les oiseaux
  les poissons et toutes les plantes
faisant ces choses en totalité à l'inspiration de son cœur
  pour peupler les deux terres. [ville
« Il s'est fait une demeure comme un trône pour être comme ta
  c'est Thèbes, œil de Râ, régente des nations.
« Elle est à l'image du ciel
  en le quittant on s'arrête en elle pour la première fois,
beau berceau des deux âmes unies
  il descendit en elle du flanc de Nout (2);
elle est le lieu natal de son âme.
  Ka-mut-f (3) augmente ses victoires en son intérieur.
« Centre pour les hommes, les dieux et les déesses
  ils se réunissent en elle à cause de sa beauté;
réjouissant chacun par son aspect,
  on ne peut s'en aller l'abandonnant :
elle a l'odeur de tous les parfums,
  les rosiers y produisent leurs fleurs.
« C'est la place de cœur de dieux
  qui la protègera si ce n'est toi ?
« Elle florissait au milieu du pays entier
  brillant chaque jour comme un reflet du disque.
la gorge au vent pour s'en remplir la bouche
  prenant au midi l'eau pour ton temple.

(1) Ordinairement, le créateur Ammon Khnoum est considéré comme ayant quatre âmes, qui sont les dieux des éléments; ce sont : « l'âme de Seb », la terre; « l'âme d'Osiris », l'eau; « l'âme de Shou », l'air; « l'âme de Râ », le feu. Ici Seb est remplacé par Aah, la lune; au lieu d'Osiris, on a le Nil; Shou et Râ ne sont pas nommés.

(2) Le ciel.

(3) Ammon générateur.

« C'est la grande place sacrée comme diviseur de la terre, (1)
tu te caches dans son intérieur.
« Les rois en agrandissent les monuments
pour faire honneur à ta personne,
on ne cesse de tailler des pierres pour ses murailles
pour les surélever dans ta demeure divine.
« Ses grandes inscriptions se rapportent à toi
sur ce que tu as dit d'elle, de ta bouche même :
« Moi, je suis le mystérieux qui repose dans sa chapelle »
selon les livres divins.
« Un appel t'est fait pour combattre le mal
par les habitants du nôme,
les villes sont à te supplier chaque jour
pour chasser tout mal de leurs constructions.
« Le Nil a débordé, il a renouvelé la venue du déluge (2)
cette situation est une grande malédiction,
on ne se souvient pas d'un fait semblable :
la moitié de la chapelle est mangée par la mer !
« Que peuvent y comprendre les humains ?
le fleuve grossit selon ce que tu as ordonné,
est-ce qu'il doit submerger ta demeure dans sa profondeur
briller et resplendir dans Thèbes ?
savent-ils le comment du renouvelant sa forme, (3)
qui monte et qui descend selon des règles,
qui dépose des sables...... »

La fin de l'inscription est trop fruste pour qu'on puisse en essayer une traduction suivie.

Le roi parle encore de l'envahissement de la chapelle par les eaux, à tel point qu'on y voit des poissons ; il supplie le créateur de changer cette situation désastreuse pour les habitants, d'éloigner ce déluge qui détruit sa ville. Il mentionne ensuite ce que le roi

(1) Ammon-Râ, le soleil, divise le monde en deux hémisphères par sa course journalière ; de là, son titre *Paouti-Taui*.

(2) La traduction de ce mot *am* est hypothétique ; on n'a trouvé, jusqu'ici, dans les textes égyptiens, aucune relation d'un déluge comme celui mentionné dans les légendes sémitiques et grecques.

(3) Surnom du Nil.

Thotmès III avait fait dans des circonstances analogues : qu'il ne soit pas dit que sous le règne de son fils Osorkon Thèbes ait été ruinée par l'inondation ; tous ses habitants lui sont dévoués, que sa face ne se détourne pas d'eux : il n'a qu'un mot à dire pour que le fleuve rentre dans son lit.

L'inscription ne va pas plus loin et ne dit pas l'accueil fait par Ammon à cette prière.

Plusieurs questions intéressantes sont soulevées par ce texte. La première est relative au calendrier. On sait que les Egyptiens se servaient simultanément de deux et peut-être même trois calendriers se rapportant à des années de longueur inégale et à point d'origine différent. Les dates précises se rapportant à un phénomène naturel terrestre ou céleste sont très rares : ici il y aura lieu de rechercher dans quel comput vers l'an 900 avant notre ère le 12 toby pouvait correspondre avec le maximum de la crue. C'est une étude que je laisse à de plus compétents que moi.

La seconde question est relative à cette inondation extraordinaire.

Pour qu'il ait été impossible d'établir le reposoir dans le sanctuaire, il fallait que la couche d'eau fût assez épaisse ; dans les dernières lignes du texte on parle même de poissons nageant dans le temple. Il y aurait à penser que l'inscription a été gravée à la hauteur atteinte par les eaux. Les deux pages du texte commencent à une même hauteur, à 1^{m} 20 au-dessus du dallage, tandis que le bas des lignes est inégal, finissant d'un côté à 0^{m} 67 de l'autre à 0^{m} 60 au-dessus de ce même dallage. Faudrait-il en conclure qu'il y avait 1^{m} 20 d'eau dans le sanctuaire ? En pareil cas il est plus habituel de graver l'inscription au dessus plutôt qu'au-dessous du repère. La mesure la plus basse, 0^{m} 60 fournit déjà une nappe d'eau d'une épaisseur suffisante pour entraver l'exercice des cérémonies du culte.

Il est presque certain qu'à cette époque l'inondation annuelle n'atteignait pas encore le niveau des parties basses du temple ; or, les chambres voisines du sanctuaire et la salle hypostyle, où est gravé le texte, sont à 2^{m} 50 au-dessus de la cour de Ramsès ; devant le temple il y aurait donc eu 2^{m} 50 + 0, 60 = 3^{m} 10 d'eau.

Toute l'Egypte devait être submergée, à l'exception des parties hautes des villes ; les cultures ont dû être ravagées, les maisons emportées ; les habitants qui n'ont pu se réfugier à temps dans les cités ou sur la montagne ont dû être entraînés par le courant.

On ne possède aucun renseignement contemporain sur la hauteur normale du Nil à cette époque. Du temps d'Hérodote, c'est-à-dire près de 500 ans plus tard, une crue de 15 à 16 coudées était considérée comme très bonne, il ajoute que sous Mœris huit coudées suffisaient pour que les terres fussent inondées. Tous les auteurs sont unanimes à dire que dans les temps anciens la crue était moins forte qu'à leur époque ; en supposant que sous la XXIIme dynastie 14 coudées (7^{m}75) aient représenté la moyenne, l'eau s'était élevée cette année de 7^m 75 + 3^m 10 = 10^m 85 au minimum. De nos jours une crue atteignant 9^m 20 au-dessus de l'étiage dans la Haute-Egypte est considérée comme néfaste : cette comparaison établit encore mieux l'étendue du fléau qui frappa l'Egypte sous Osorkon.

On peut se demander si cette inondation a été produite par un afflux simultané des deux bras du Nil ou si un accident géologique n'a pas contribué à jeter cette masse d'eau dans la vallée.

Il est certain que les barrières naturelles que le Nil franchit en formant des cataractes étaient plus élevées dans l'antiquité que de nos jours : elles formaient au delà d'Assouan une série de bassins qui retenaient l'eau à un niveau plus élevé qu'actuellement et permettaient de cultiver une grande partie de la Nubie, actuellement déserte, en même temps qu'elles régularisaient le débit du Nil pour l'Egypte. Cette crue formidable ne serait-elle pas en rapport avec la rupture d'un de ces barrages à Assouan ou à Kalabcheh ? Un tremblement de terre ou même l'affouillement des eaux peuvent avoir amené la chûte d'un rocher placé en travers du fleuve, et les eaux n'étant plus retenues par cet obstacle se seraient précipitées dans la vallée inférieure.

Pourtant l'agrandissement inopiné de la brèche d'Abou Kadiga dans la digue de Kocheiche en 1882 ne fit monter l'eau que de 1^{m}50 au Caire qui en est à 90 kilomètres. Quelle brèche formidable dans le barrage de la cataracte aurait-il fallu pour produire une crue de plus de 3^m à 220 kilomètres de Chellal ?

Nous n'avons malheureusement aucun document qui puisse nous aider à résoudre le problème. Peut-être des études sur les inscriptions gravées sur les roches voisins de la cataracte pourraient-elles nous dire si ces gigantesques barrages ont subi un affaissement brusque ; peut-être aussi découvrira-t-on quelque jour d'autres textes moins poétiques et plus précis qui pourront nous permettre de fixer les causes de cette inondation et nous fourniront, par les exemples du passé, des leçons pour l'avenir.

G. Daressy.

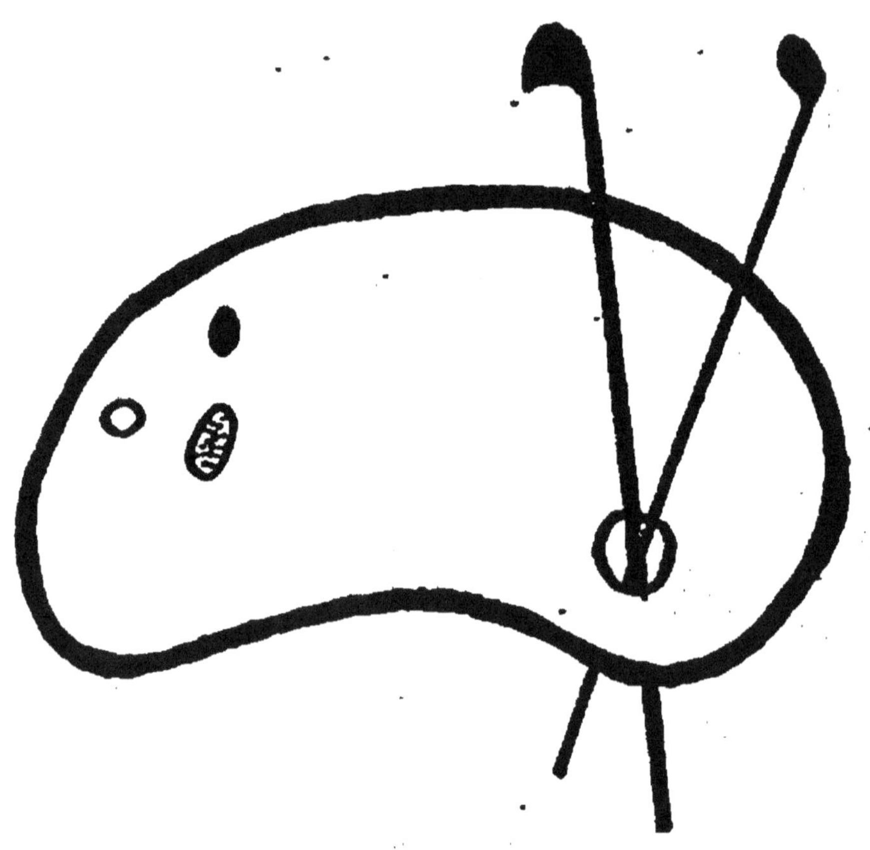

www.ingramcontent.com/pod-product-compliance
Lightning Source LLC
LaVergne TN
LVHW010328230826
846091LV00009B/3783

* 9 7 8 2 0 1 6 2 0 1 6 3 3 *